国有企业管理人员处分条例

中国方正出版社

图书在版编目（CIP）数据

国有企业管理人员处分条例．—北京：中国方正出版社，2024. 5. —ISBN 978-7-5174-1349-3

Ⅰ. D922. 11

中国国家版本馆 CIP 数据核字第 2024R2X386 号

国有企业管理人员处分条例

GUOYOU QIYE GUANLI RENYUAN CHUFEN TIAOLI

中国方正出版社　出版发行

（100053　北京市西城区广安门南街甲 2 号）

保定市中画美凯印刷有限公司印刷　新华书店经销

2024 年 6 月第 1 版　2024 年 6 月北京第 2 次印刷

开本：880 毫米×1230 毫米　1/32

印张：1. 5　字数：18 千字

ISBN 978-7-5174-1349-3　定价：4. 00 元

邮购地址 100053　北京市西城区广安门南街甲 2 号

电话（010）66560645　66562733

目　　录

中华人民共和国国务院令

第 781 号

《国有企业管理人员处分条例》已经 2024 年 4 月 26 日国务院第 31 次常务会议通过，现予公布，自 2024 年 9 月 1 日起施行。

总　理　李　强

2024 年 5 月 21 日

国有企业管理人员处分条例

第一章 总 则

第一条 为了规范对国有企业管理人员的处分，加强对国有企业管理人员的监督，根据《中华人民共和国公职人员政务处分法》（以下简称公职人员政务处分法）等法律，制定本条例。

第二条 本条例所称国有企业管理人员，是指国家出资企业中的下列公职人员：

（一）在国有独资、全资公司、企业中履行组织、领导、管理、监督等职责的人员；

（二）经党组织或者国家机关，国有独资、全资公司、企业，事业单位提名、推荐、任命、批准等，在国有控股、参股公司及其分支机构中履行组织、领导、管理、监督等职责的人员；

（三）经国家出资企业中负有管理、监督国有资产职责的组织批准或者研究决定，代表其在国有控股、参股公司及其分支机构中从事组织、领导、管理、监督等工作的人员。

国有企业管理人员任免机关、单位（以下简称任免机关、单位）对违法的国有企业管理人员给予处分，适用公职人员政务处分法第二章、第三章和本条例的规定。

第三条 国有企业管理人员处分工作坚持中国共产党的领导，坚持党管干部原则，加强国有企业管理人员队伍建设，推动国有企业高质量发展。

第四条 任免机关、单位加强对国有企业管理人员的教育、管理、监督。给予国有企业管理人员处分，应当坚持公正公平，集体讨论决定；坚持宽严相济，惩戒与教育相结合；坚持法治原则，以事实为根据，以法律为准绳，依法保障国有企业管理人员以及相关人员的合法权益。

第五条 履行出资人职责的机构或者有干部管理权限的部门依照法律、法规和国家有关规定，指导国有企业整合优化监督资源，推动出资人监督与纪检监察监督、巡视监督、审计监督、财会监督、社会监督等相衔接，健全协同高效的监督机制，建立互相配合、互相制约的内部监督管理制度，增强对国有企业及其管理人员监督的系统性、针对性、有效性。

第六条 给予国有企业管理人员处分，应当事实清楚、证据确凿、定性准确、处理恰当、程序合法、手续完备，与其违法行为的性质、情节、危害程度相适应。

第二章 处分的种类和适用

第七条 处分的种类为：

（一）警告；

（二）记过；

（三）记大过；

（四）降级；

（五）撤职；

（六）开除。

第八条 处分的期间为：

（一）警告，6 个月；

（二）记过，12 个月；

（三）记大过，18 个月；

（四）降级、撤职，24 个月。

处分决定自作出之日起生效，处分期自处分决定生效之日起计算。

第九条 国有企业管理人员同时有两个以上需要给予处分的违法行为的，应当分别确定其处分。应当给予的处分种类不同的，执行其中最重的处分；应当给予撤职以下多个相同种类处分的，可以在一个处分期以上、多个处分期之和以下确定处分期，但是最长不得超过 48 个月。

第十条 国有企业实施违法行为或者国有企业管理人员集体作出的决定违法，应当追究法律责任的，对负有责任的领导人员和直接责任人员中的国有企业管理人员给予处分。

国有企业管理人员2人以上共同违法，需要给予处分的，按照各自应当承担的责任，分别给予相应的处分。

第十一条 国有企业管理人员有下列情形之一的，可以从轻或者减轻给予处分：

（一）主动交代本人应当受到处分的违法行为；

（二）配合调查，如实说明本人违法事实；

（三）检举他人违法行为，经查证属实；

（四）主动采取措施，有效避免、挽回损失或者消除不良影响；

（五）在共同违法行为中起次要或者辅助作用；

（六）主动上交或者退赔违法所得；

（七）属于推进国有企业改革中因缺乏经

验、先行先试出现的失误错误；

（八）法律、法规规定的其他从轻或者减轻情节。

从轻给予处分，是指在本条例规定的违法行为应当受到的处分幅度以内，给予较轻的处分。

减轻给予处分，是指在本条例规定的违法行为应当受到的处分幅度以外，减轻一档给予处分。

第十二条　国有企业管理人员违法行为情节轻微，且具有本条例第十一条第一款规定情形之一的，可以对其进行谈话提醒、批评教育、责令检查或者予以诫勉，免予或者不予处分。

国有企业管理人员因不明真相被裹挟或者被胁迫参与违法活动，经批评教育后确有悔改表现的，可以减轻、免予或者不予处分。

第十三条　国有企业管理人员有下列情形之一的，应当从重给予处分：

（一）在处分期内再次故意违法，应当受到处分；

（二）阻止他人检举、提供证据；

（三）串供或者伪造、隐匿、毁灭证据；

（四）包庇同案人员；

（五）胁迫、唆使他人实施违法行为；

（六）拒不上交或者退赔违法所得；

（七）法律、法规规定的其他从重情节。

从重给予处分，是指在本条例规定的违法行为应当受到的处分幅度以内，给予较重的处分。

第十四条 国有企业管理人员在处分期内，不得晋升职务、岗位等级和职称；其中，被记过、记大过、降级、撤职的，不得晋升薪酬待遇等级。被撤职的，降低职务或者岗位等级，同时降低薪酬待遇。被开除的，用人单位依法解除劳动合同。

第十五条 国有企业管理人员违法取得的财物和用于违法行为的本人财物，除依法应当由有关机关没收、追缴或者责令退赔的外，应当退还原所有人或者原持有人。

国有企业管理人员因违法行为获得的职务、职级、级别、岗位和职员等级、职称、待遇、资格、学历、学位、荣誉、奖励等其他利益，任免机关、单位应当予以纠正或者建议有关机关、单位、组织按规定予以纠正。

第十六条 已经退休的国有企业管理人员退休前或者退休后有违法行为应当受到处分的，不再作出处分决定，但是可以对其立案调查；依法应当给予降级、撤职、开除处分的，应当按照规定相应调整其享受的待遇，对其违法取得的财物和用于违法行为的本人财物依照本条例第十五条的规定处理。

第三章 违法行为及其适用的处分

第十七条 国有企业管理人员有下列行为之一的，依据公职人员政务处分法第二十八条的规定，予以记过或者记大过；情节较重的，予以降级或者撤职；情节严重的，予以开除：

（一）散布有损坚持和完善社会主义基本经济制度的言论；

（二）拒不执行或者变相不执行国有企业改革发展和党的建设有关决策部署；

（三）在对外经济合作、对外援助、对外交流等工作中损害国家安全和国家利益。

公开发表反对宪法确立的国家指导思想，反对中国共产党领导，反对社会主义制度，反对改革开放的文章、演说、宣言、声明等的，予以开除。

第十八条 国有企业管理人员有下列行为之一的，依据公职人员政务处分法第三十条的规定，予以警告、记过或者记大过；情节严重的，予以降级或者撤职：

（一）违反规定的决策程序、职责权限决定国有企业重大决策事项、重要人事任免事项、重大项目安排事项、大额度资金运作事项；

（二）故意规避、干涉、破坏集体决策，

个人或者少数人决定国有企业重大决策事项、重要人事任免事项、重大项目安排事项、大额度资金运作事项；

（三）拒不执行或者擅自改变国有企业党委（组）会、股东（大）会、董事会、职工代表大会等集体依法作出的重大决定；

（四）拒不执行或者变相不执行、拖延执行履行出资人职责的机构、行业管理部门等有关部门依法作出的决定。

第十九条 国有企业管理人员有下列行为之一的，依据公职人员政务处分法第三十三条的规定，予以警告、记过或者记大过；情节较重的，予以降级或者撤职；情节严重的，予以开除：

（一）利用职务上的便利，侵吞、窃取、骗取或者以其他手段非法占有、挪用本企业以及关联企业的财物、客户资产等；

（二）利用职务上的便利，索取他人财物或者非法收受他人财物，为他人谋取利益；

（三）为谋取不正当利益，向国家机关、国家出资企业、事业单位、人民团体，或者向国家工作人员、企业或者其他单位的工作人员，外国公职人员、国际公共组织官员行贿；

（四）利用职权或者职务上的影响，违反规定在企业关系国有资产出资人权益的重大事项以及工程建设、资产处置、出版发行、招标投标等活动中为本人或者他人谋取私利；

（五）纵容、默许特定关系人利用本人职权或者职务上的影响，在企业关系国有资产出资人权益的重大事项以及企业经营管理活动中谋取私利；

（六）违反规定，以单位名义将国有资产集体私分给个人。

拒不纠正特定关系人违反规定任职、兼职或者从事经营活动，且不服从职务调整的，予以撤职。

第二十条 国有企业管理人员有下列行为之一，依据公职人员政务处分法第三十五条的规定，情节较重的，予以警告、记过或者记大过；情节严重的，予以降级或者撤职：

（一）超提工资总额或者超发工资，或者在工资总额之外以津贴、补贴、奖金等其他形式设定和发放工资性收入；

（二）未实行工资总额预算管理，或者未按规定履行工资总额备案或者核准程序；

（三）违反规定，自定薪酬、奖励、津贴、补贴和其他福利性货币收入；

（四）在培训活动、办公用房、公务用车、业务招待、差旅费用等方面超过规定的标准、范围；

（五）公款旅游或者以学习培训、考察调研、职工疗养等名义变相公款旅游。

第二十一条 国有企业管理人员有下列行为之一的，依据公职人员政务处分法第三十六条的规定，予以警告、记过或者记大过；情节较重的，予以降级或者撤职；情节严重的，予以开除：

（一）违反规定，个人经商办企业、拥有非上市公司（企业）股份或者证券、从事有偿中介活动、在国（境）外注册公司或者进行投资入股等营利性活动；

（二）利用职务上的便利，为他人经营与所任职企业同类经营的企业；

（三）违反规定，未经批准在本企业所出资企业或者其他企业、事业单位、社会组织、中介机构、国际组织等兼任职务；

（四）经批准兼职，但是违反规定领取薪酬或者获取其他收入；

（五）利用企业内幕信息或者其他未公开的信息、商业秘密、无形资产等谋取私利。

第二十二条 国有企业管理人员在履行提供社会公共服务职责过程中，侵犯服务对象合法权益或者社会公共利益，被监管机构查实并提出处分建议的，依据公职人员政务处分法第三十八条的规定，情节较重的，予以警告、记过或者记大过；情节严重的，予以降级或者撤职；情节特别严重的，予以开除。

第二十三条 国有企业管理人员有下列行为之一，造成国有资产损失或者其他严重不良后果的，依据公职人员政务处分法第三十九条的规定，予以警告、记过或者记大过；情节较重的，予以降级或者撤职；情节严重的，予以开除：

（一）截留、占用、挪用或者拖欠应当上缴国库的预算收入；

（二）违反规定，不履行或者不正确履行经营投资职责；

（三）违反规定，进行关联交易，开展融资性贸易、虚假交易、虚假合资、挂靠经营等活动；

（四）在国家规定期限内不办理或者不如实办理企业国有资产产权登记，或者伪造、涂改、出租、出借、出售国有资产产权登记证（表）；

（五）拒不提供有关信息资料或者编制虚

假数据信息，致使国有企业绩效评价结果失真；

（六）掩饰企业真实状况，不如实向会计师事务所、律师事务所、资产评估机构等中介服务机构提供有关情况和资料，或者与会计师事务所、律师事务所、资产评估机构等中介服务机构串通作假。

第二十四条 国有企业管理人员有下列行为之一的，依据公职人员政务处分法第三十九条的规定，予以警告、记过或者记大过；情节较重的，予以降级或者撤职；情节严重的，予以开除：

（一）洗钱或者参与洗钱；

（二）吸收客户资金不入账，非法吸收公众存款或者变相吸收公众存款，违反规定参与或者变相参与民间借贷；

（三）违反规定发放贷款或者对贷款本金减免、停息、减息、缓息、免息、展期等，进行呆账核销，处置不良资产；

（四）违反规定出具金融票证、提供担保，对违法票据予以承兑、付款或者保证；

（五）违背受托义务，擅自运用客户资金或者其他委托、信托的资产；

（六）伪造、变造货币、贵金属、金融票证或者国家发行的有价证券；

（七）伪造、变造、转让、出租、出借金融机构经营许可证或者批准文件，未经批准擅自设立金融机构、发行股票或者债券；

（八）编造并且传播影响证券、期货交易的虚假信息，操纵证券、期货市场，提供虚假信息或者伪造、变造、销毁交易记录，诱骗投资者买卖证券、期货合约；

（九）进行虚假理赔或者参与保险诈骗活动；

（十）窃取、收买或者非法提供他人信用卡信息及其他公民个人信息资料。

第二十五条 国有企业管理人员有下列行为之一，造成不良后果或者影响的，依据公职人员政务处分法第三十九条的规定，予以警告、记过或者记大过；情节较重的，予以降级或者撤职；情节严重的，予以开除：

（一）泄露企业内幕信息或者商业秘密；

（二）伪造、变造、转让、出租、出借行政许可证件、资质证明文件，或者出租、出借国有企业名称或者企业名称中的字号；

（三）违反规定，举借或者变相举借地方政府债务；

（四）在中华人民共和国境外违反规定造成重大工程质量问题、引起重大劳务纠纷或者其他严重后果；

（五）不履行或者不依法履行安全生产管理职责，导致发生生产安全事故；

（六）在工作中有敷衍应付、推诿扯皮，或者片面理解、机械执行党和国家路线方针政策、重大决策部署等形式主义、官僚主义行为；

（七）拒绝、阻挠、拖延依法开展的出资

人监督、审计监督、财会监督工作，或者对出资人监督、审计监督、财会监督发现的问题拒不整改、推诿敷衍、虚假整改；

（八）不依法提供有关信息、报送有关报告或者履行信息披露义务，或者配合其他主体从事违法违规行为；

（九）不履行法定职责或者违法行使职权，侵犯劳动者合法权益；

（十）违反规定，拒绝或者延迟支付中小企业款项、农民工工资等；

（十一）授意、指使、强令、纵容、包庇下属人员违反法律法规规定。

第四章　处分的程序

第二十六条　任免机关、单位按照干部管理权限对有公职人员政务处分法和本条例规定违法行为的国有企业管理人员依法给予处分，保障国有企业管理人员以及相关人员的合法权益。

任免机关、单位应当结合国有企业的组织形式、组织机构等实际情况，明确承担国有企业管理人员处分工作的内设部门或者机构（以下称承办部门）及其职责权限、运行机制等。

第二十七条　对涉嫌违法的国有企业管理人员进行调查、处理，应当由2名以上工作人员进行，按照下列程序办理：

（一）经任免机关、单位负责人同意，由承办部门对需要调查处理的问题线索进行初步核实；

（二）经初步核实，承办部门认为该国有企业管理人员涉嫌违反公职人员政务处分法和本条例规定，需要进一步查证的，经任免机关、单位主要负责人批准同意后立案，书面告知被调查的国有企业管理人员本人（以下称被调查人）及其所在单位，并向有管理权限的监察机关通报；

（三）承办部门负责对被调查人的违法行

为作进一步调查，收集、查证有关证据材料，向有关单位和人员了解情况，并形成书面调查报告，向任免机关、单位负责人报告，有关单位和个人应当如实提供情况；

（四）承办部门将调查认定的事实以及拟给予处分的依据告知被调查人，听取其陈述和申辩，并对其提出的事实、理由和证据进行核实，记录在案，被调查人提出的事实、理由和证据成立的，应予采纳；

（五）承办部门经审查提出处理建议，按程序报任免机关、单位领导成员集体讨论，作出对被调查人给予处分、免予处分、不予处分或者撤销案件的决定，并向有管理权限的监察机关通报；

（六）任免机关、单位应当自本条第一款第五项决定作出之日起 1 个月以内，将处分、免予处分、不予处分或者撤销案件的决定以书面形式通知被调查人及其所在单位，并在一定范围内宣布，涉及国家秘密、商业秘密或者个人隐私的，按照国家有关规定办理；

（七）承办部门应当将处分有关决定及执行材料归入被调查人本人档案，同时汇集有关材料形成该处分案件的工作档案。

严禁以威胁、引诱、欺骗等非法方式收集证据。以非法方式收集的证据不得作为给予处分的依据。不得因被调查人的申辩而加重处分。

第二十八条 重大违法案件调查过程中，确有需要的，可以商请有管理权限的监察机关提供必要支持。

违法情形复杂、涉及面广或者造成重大影响，由任免机关、单位调查核实存在困难的，经任免机关、单位负责人同意，可以商请有管理权限的监察机关处理。

第二十九条 给予国有企业管理人员处分，应当自立案之日起6个月内作出决定；案情复杂或者遇有其他特殊情形的，经任免机关、单位主要负责人批准可以适当延长，但是延长期限不得超过 6 个月。

第三十条 决定给予处分的，应当制作处分决定书。

处分决定书应当载明下列事项：

（一）受到处分的国有企业管理人员（以下称被处分人）的姓名、工作单位和职务；

（二）违法事实和证据；

（三）处分的种类和依据；

（四）不服处分决定，申请复核、申诉的途径和期限；

（五）作出处分决定的机关、单位名称和日期。

处分决定书应当盖有作出决定的机关、单位印章。

第三十一条 参与国有企业管理人员违法案件调查、处理的人员有下列情形之一的，应当自行回避，被调查人、检举人以及其他有关人员可以要求其回避：

（一）是被调查人或者检举人的近亲属；

（二）担任过本案的证人；

（三）本人或者其近亲属与调查的案件有利害关系；

（四）可能影响案件公正调查、处理的其他情形。

任免机关、单位主要负责人的回避，由上一级机关、单位负责人决定；其他参与违法案件调查、处理人员的回避，由任免机关、单位负责人决定。

任免机关、单位发现参与处分工作的人员有应当回避情形的，可以直接决定该人员回避。

第三十二条 国有企业管理人员被依法追究刑事责任的，任免机关、单位应当根据司法机关的生效判决、裁定、决定及其认定的事实和情节，依法给予处分。

国有企业管理人员依法受到行政处罚，应当给予处分的，任免机关、单位可以根据生效的行政处罚决定认定的事实和情节，经核实后依法给予处分。

任免机关、单位根据本条第一款、第二款规定作出处分决定后，司法机关、行政机关依法改变原生效判决、裁定、决定等，对原处分决定产生影响的，任免机关、单位应当根据改变后的判决、裁定、决定等重新作出相应处理。

第三十三条　任免机关、单位对担任各级人民代表大会代表或者中国人民政治协商会议各级委员会委员的国有企业管理人员给予处分的，应当向有关的人民代表大会常务委员会，乡、民族乡、镇的人民代表大会主席团或者中国人民政治协商会议委员会常务委员会通报。

第三十四条　国有企业管理人员涉嫌违法，已经被立案调查，不宜继续履行职责的，任免机关、单位可以决定暂停其履行职务。国有企业管理人员在被立案调查期间，未经决定立案的任免机关、单位同意，不得出境、辞去公职；其任免机关、单位以及上级机关、单位不得对其交流、晋升、奖励或者办理退休手续。

第三十五条 调查中发现国有企业管理人员因依法履行职责遭受不实举报、诬告陷害、侮辱诽谤，造成不良影响的，任免机关、单位应当按照规定及时澄清事实，恢复名誉，消除不良影响。

第三十六条 国有企业管理人员受到降级、撤职、开除处分的，应当在处分决定作出后1个月内，由相应人事部门等按照管理权限办理岗位、职务、工资和其他有关待遇等变更手续，并依法变更或者解除劳动合同；特殊情况下，经任免机关、单位主要负责人批准可以适当延长办理期限，但是最长不得超过6个月。

第三十七条 国有企业管理人员受到开除以外的处分，在受处分期间有悔改表现，并且没有再出现应当给予处分的违法情形的，处分期满后自动解除处分。

处分解除后，考核以及晋升职务、职级、级别、岗位和职员等级、职称、薪酬待遇等级等不再受原处分影响。但是，受到降级、撤职处分的，不恢复受处分前的职务、职级、级别、岗位和职员等级、职称、薪酬待遇等级等。

任免机关、单位应当按照国家有关规定正确对待、合理使用受处分的国有企业管理人员，坚持尊重激励与监督约束并重，营造干事创业的良好环境。

第五章　复核、申诉

第三十八条　被处分人对处分决定不服的，可以自收到处分决定书之日起 1 个月内，向作出处分决定的任免机关、单位（以下称原处分决定单位）申请复核。原处分决定单位应当自接到复核申请后 1 个月以内作出复核决定。

被处分人因不可抗拒的事由或者其他正当

理由耽误复核申请期限的，在障碍消除后的10个工作日内，可以申请顺延期限；是否准许，由原处分决定单位决定。

第三十九条 被处分人对复核决定仍不服的，可以自收到复核决定之日起1个月内按照管理权限向上一级机关、单位申诉。受理申诉的机关、单位（以下称申诉机关）应当自受理之日起2个月以内作出处理决定；案情复杂的，可以适当延长，但是延长期限最多不超过1个月。

被处分人因不可抗拒的事由或者其他正当理由耽误申诉申请期限的，在障碍消除后的10个工作日内，可以申请顺延期限；是否准许，由申诉机关决定。

第四十条 原处分决定单位接到复核申请、申诉机关受理申诉后，相关承办部门应当成立工作组，调阅原案材料，必要时可以进行调查，收集、查证有关证据材料，向有关单位和人员了解情况。工作组应当集体研究，提出办理意见，按程序报原处分决定单位、申诉机关领导成员集体讨论作出复核、申诉决定，并向有管理权限的监察机关通报。复核、申诉决定应当自作出之日起1个月以内以书面形式通知被处分人及其所在单位，并在一定范围内宣布；涉及国家秘密、商业秘密或者个人隐私的，按照国家有关规定办理。

复核、申诉期间，不停止原处分决定的执行。

国有企业管理人员不因提出复核、申诉而被加重处分。

坚持复核、申诉与原案调查相分离，原案调查、承办人员不得参与复核、申诉。

第四十一条 任免机关、单位发现本机关、本单位或者下级机关、单位作出的处分决定确有错误的，应当及时予以纠正或者责令下级机关、单位及时予以纠正。

监察机关发现任免机关、单位应当给予处分而未给予，或者给予的处分违法、不当，依法提出监察建议的，任免机关、单位应当采纳并将执行情况函告监察机关，不采纳的应当说明理由。

第四十二条 有下列情形之一的，原处分决定单位、申诉机关应当撤销原处分决定，重新作出决定或者由申诉机关责令原处分决定单位重新作出决定：

（一）处分所依据的违法事实不清或者证据不足；

（二）违反本条例规定的程序，影响案件公正处理；

（三）超越职权或者滥用职权作出处分决定。

第四十三条 有下列情形之一的，原处分决定单位、申诉机关应当变更原处分决定，或者由申诉机关责令原处分决定单位予以变更：

（一）适用法律、法规确有错误；

（二）对违法行为的情节认定确有错误；

（三）处分不当。

第四十四条 原处分决定单位、申诉机关认为处分决定认定事实清楚，适用法律正确的，应当予以维持。

第四十五条 国有企业管理人员的处分决定被变更，需要调整该国有企业管理人员的职务、岗位等级、薪酬待遇等级等的，应当按照规定予以调整。国有企业管理人员的处分决定被撤销，需要恢复该国有企业管理人员的职务、岗位等级、薪酬待遇等级等的，应当按照原职务和岗位等级安排相应的职务和岗位，并在原处分决定公布范围内为其恢复名誉。

国有企业管理人员因有本条例第四十二条、第四十三条规定情形被撤销处分或者减轻处分的，应当结合其实际履职、业绩贡献等情况对其薪酬待遇受到的损失予以适当补偿。

维持、变更、撤销处分的决定应当在作出后1个月内按照本条例第二十七条第一款第六项规定予以送达、宣布，并存入被处分人本人档案。

第六章　法律责任

第四十六条　任免机关、单位及其工作人员在国有企业管理人员处分工作中有公职人员政务处分法第六十一条、第六十三条规定情形的，依据公职人员政务处分法的规定对负有责任的领导人员和直接责任人员给予处理。

第四十七条　有关机关、单位、组织或者人员拒不执行处分决定或者有公职人员政务处分法第六十二条规定情形的，由其上级机关、主管部门、履行出资人职责的机构或者任免机关、单位依据公职人员政务处分法的规定给予处理。

第四十八条　相关单位或者个人利用举报等方式歪曲捏造事实，诬告陷害国有企业管理人员的，应当依法承担法律责任。

第四十九条　违反本条例规定，构成犯罪的，依法追究刑事责任。

第七章　附　　则

第五十条　国家对违法的金融、文化国有企业管理人员追究责任另有规定的，同时适用。

第五十一条　本条例施行前，已经结案的案件如果需要复核、申诉，适用当时的规定。尚未结案的案件，如果行为发生时的规定不认为是违法的，适用当时的规定；如果行为发生时的规定认为是违法的，依照当时的规定处理，但是如果本条例不认为是违法或者根据本条例处理较轻的，适用本条例。

第五十二条　本条例自 2024 年 9 月 1 日起施行。

司法部　国务院国资委　财政部负责人就《国有企业管理人员处分条例》答记者问

2024年5月21日，国务院总理李强签署第781号国务院令，公布《国有企业管理人员处分条例》（以下简称《条例》），自2024年9月1日起施行。日前，司法部、国务院国资委、财政部负责人就《条例》的有关问题回答了记者提问。

问：请介绍一下《条例》的出台背景。

答：党中央、国务院高度重视国有企业管理人员监督管理工作。党的二十大报告明确提出，深化国资国企改革，提升企业核心竞争力。坚持严管和厚爱相结合，加强对干部全方位管理和经常性监督，落实“三个区分开来”，激励干部敢于担当、积极作为。

加强国有企业管理人员队伍建设，强化全面监督，是贯彻落实习近平总书记关于国有企业改革发展和党的建设重要论述，落实《中华人民共和国公职人员政务处分法》（以下简称公职人员政务处分法）有关规定，深入推进国有企业改革深化提升行动，推进国资国企治理体系和治理能力现代化的必然要求。长期以来，关于国有企业管理人员的处分规定散见于各行业领域法律法规文件和企业内部管理制度中，国家层面没有对处分的种类及其适用、处分的程序等作出专门规定。2020 年出台的公职人员政务处分法明确国有企业管理人员是公职人员；对公职人员的违法行为，规定了由监察机关给予政务处分和由任免机关、单位给予处分的制度机制；明确由国务院及其相关主管部门结合国有企业的实际情况，对国有企业违法的公职人员处分事宜作出具体规定。因此，有必要制定一部行政法规，建立健全国有企业管理人员监督制约机制，统一规范对各级各类国有企业管理人员的处分事宜，为打造忠诚干净担当的国有企业管理人员队伍，推动国有企业高质量发展提供有力的法治保障。

按照部署，司法部、国务院国资委、财政部在深入调查研究，广泛征求中央有关单位、地方人民政府、有关中央和地方国有企业意见，向社会公开征求意见的基础上反复研究修改形成了《条例》草案。2024 年 4 月 26 日，国务院常务会议审议通过了《条例》草案。

问：制定《条例》的总体思路是什么？

答：《条例》制定坚持以下总体思路：一是坚持党管干部原则，完善国有企业管理人员的监督管理制度。二是坚持依法处分原则，根据公职人员政务处分法和相关法律、国家规定，细化国有企业管理人员违法行为及处分的适用，对处分的程序、申诉等作出具体规定。三是坚持问题导向，聚焦国有企业经营管理易发多发违纪违法问题，明确底线红线，推进标本兼治、系统治理。

问：《条例》的适用范围是什么？国有企业管理人员如何界定？

答：《条例》适用于国有企业管理人员任免机关、单位对违法的国有企业管理人员给予处分的活动，覆盖各级各类国有企业。考虑到金融、文化国有企业的特殊性，《条例》明确规定，国家对违法的金融、文化国有企业管理人员追究责任另有规定的，同时适用。

《条例》沿用监察法实施条例对国有企业管理人员的界定，明确规定本条例所称国有企业管理人员，是指国家出资企业中的下列公职人员：一是在国有独资、全资公司、企业中履行组织、领导、管理、监督等职责的人员。二是经党组织或者国家机关，国有独资、全资公司、企业，事业单位提名、推荐、任命、批准等，在国有控股、参股公司及其分支机构中履行组织、领导、管理、监督等职责的人员。三是经国家出资企业中负有管理、监督国有资产职责的组织批准或者研究决定，代表其在国有控股、参股公司及其分支机构中从事组织、领导、管理、监督等工作的人员。

问：国有企业管理人员任免机关、单位包括哪些？

答：国有企业管理人员任免机关、单位，是指对国有企业管理人员具有干部管理权限的机关、单位。实践中，国有企业管理人员任免机关、单位主体层级多、种类多，包括履行出资人职责的机构、有干部管理权限的国家机关和事业单位等，国有企业作为任免单位依据干部管理权限任免其内部管理人员。

问：处分的种类有哪些，与政务处分有什么区别？

答：《条例》第二章规定了对国有企业管理人员处分的种类和相应的期间，与公职人员政务处分法的规定保持衔接一致，包括以下六类：警告，6 个月；记过，12 个月；记大过，18 个月；降级、撤职，24 个月；开除。

政务处分和处分都是公职人员政务处分法规定的，本质上都是对违法的公职人员追究责任，实施对象都是公职人员，主要区别是实施主体不同：由监察机关作出的是政务处分；由国有企业管理人员任免机关、单位作出的是处分。

问：《条例》规定了哪些违法行为？有何考虑？

答：公职人员政务处分法明确规定，该法第三章关于违法行为的规定适用于公职人员任免机关、单位对违法的公职人员给予处分。据此，《条例》作为配套行政法规，将散见于现行法律、行政法规以及党中央、国务院有关文件中对国有企业领导人员、有关责任人员应予追究法律责任的有关规定进行梳理、归集，将公职人员政务处分法第三章关于违反政治要求、组织程序、廉洁要求、薪酬管理制度，违规从事或者参与营利性活动，侵犯服务对象合法权益或者社会公共利益，以及违反工作要求等违法行为有关规定具体化为51项违法情形，并明确相应的处分。

问：《条例》对处分程序作了哪些规定？

答：《条例》第四章对处分的程序作了具体规定。

一是明确处分的程序性要求，包括对涉嫌违法的国有企业管理人员进行调查、处理应当由2名以上工作人员进行；严禁以威胁、引诱、欺骗等非法方式收集证据；以非法方式收集的证据不得作为给予处分的依据；不得因被调查人的申辩而加重处分。

二是对处分各个环节的工作要求作出明确规定，严格规范、限制承办部门的权限和程序，保障被调查人的陈述和申辩权。承办部门可以通过收集、查证有关证据材料，向有关单位和人员了解情况等方式开展调查。

三是对任免机关、单位在调查过程中商请有管理权限的监察机关提供支持等作出规定。

四是对处分决定书的制作、送达，案件调查的回避制度等作出明确规定。

五是对处分期满后处分的解除，正确对待、合理使用受处分的国有企业管理人员等作出明确规定。

问：被处分人对处分决定不服的，有何救济途径？

答：《条例》第五章“复核、申诉”规定，被处分人对处分决定不服的，可以依法向作出处分决定的任免机关、单位申请复核；对复核决定仍不服的，可以依法按照管理权限向上一级机关、单位申诉。

问：《条例》对建立健全处分工作监督制约机制作了哪些规定？

答：一是明确规定履行出资人职责的机构或者有干部管理权限的部门依照法律、法规和国家有关规定，指导国有企业整合优化监督资源，推动出资人监督与纪检监察监督、巡视监督、审计监督、财会监督、社会监督等相衔接，健全协同高效的监督机制，建立互相配合、互相制约的内部监督管理制度，增强对国有企业及其管理人员监督的系统性、针对性、有效性。

二是要求任免机关、单位应当结合国有企业的组织形式、组织机构等实际情况，明确承担国有企业管理人员处分工作的内设部门或者机构及其职责权限、运行机制等。

三是严格规范处分的程序以及对处分决定的复核申诉、纠正纠偏等制度，建立贯穿处分工作全过程的相互制约监督机制。

四是对任免机关、单位及其工作人员在处分活动中的违法行为规定了相应的法律责任。

问：《条例》如何在严格约束的同时保护国有企业管理人员干事创业的积极性？

答：《条例》贯彻落实党的二十大和二十届中央纪委二次、三次全会精神，坚持严管和厚爱相结合，加强对干部全方位管理和经常性监督，落实“三个区分开来”，激励干部敢于担当、积极作为。

一是在处分原则方面，规定给予处分应当坚持公正公平，集体讨论决定；坚持宽严相济，惩戒与教育相结合；坚持法治原则，以事实为根据，以法律为准绳，依法保障国有企业管理人员以及相关人员的合法权益。

二是在处分适用方面，将“三个区分开来”有关要求转化为从轻或者减轻处分的情形，规定属于推进国有企业改革中因缺乏经验、先行先试出现的失误错误，可以从轻或者减轻给予处分。

三是在处分程序方面，规定调查中发现国有企业管理人员因依法履行职责遭受不实举报、诬告陷害、侮辱诽谤，造成不良影响的，任免机关、单位应当按照规定及时澄清事实，恢复名誉，消除不良影响。

四是在平衡处分与营造干事氛围方面，规

定任免机关、单位应当按照国家有关规定正确对待、合理使用受处分的国有企业管理人员，坚持尊重激励与监督约束并重，营造干事创业的良好环境。